100 Mlynedd *o* Ffermio

ym Mryniau Clwyd a'r Cyffiniau

Lorna Jenner

Hawlfraint © 2009 Alyn Books cyf, The Nook, Pentre Road, Cilcain, Yr Wyddgrug, Sir y Fflint CH7 5PD.

ISBN 978-0-9559625-6-1

Ffotograffau cyfoes: Jo Danson, Lorna Jenner, Jackie Lewis, Carl Rogers, Phil Parsons

Argraffwyd gan: Ashford Press

Diolch yn arbennig i'r holl ffermwyr a'u teuluoedd a adroddodd eu hatgofion ac a rannodd eu ffotograffau gyda ni, i'r ffermwyr lleol a roddodd ganiatâd inni dynnu'u lluniau wrth eu gwaith, i AHNE Bryniau Clwyd, ac i farchnadoedd Rhuthun a'r Wyddgrug a estynnodd groeso mor gynnes inni.

Oherwydd prinder lle, roedd rhaid cyfyngu ar beth y gellid ei gynnwys. Ymddiheuraf i'r rhai nad yw eu hanesion a'u lluniau yma, ond roedd popeth yn gymorth i gyfleu'r awyrgylch a rhoi blas o fywyd ffermio'r fro yn yr hen ddyddiau.

Llun ar y clawr blaen:

Robert Jones wrth yr aradr ac Edward Jones yn tywys y ceffylau yn Kinsale, Maes Glas, Hydref 1972.

Drwy garedigrwydd Vicky Jones, © Sain Ffagan: Amgueddfa Hanes Genedlaethol

I ffermwyr Bryniau Clwyd a'r cyffiniau

Derbyniwyd cymorth grant oddi wrth Gronfa Datblygiad Cynaliadwy'r AHNE

Rhagair

Anrhydedd a phleser i mi fu derbyn gwahoddiad i ysgrifennu'r rhagair hwn i lyfr o ffotograffau sy'n dathlu ffermio ym Mryniau Clwyd yn ystod y ganrif a aeth heibio.

Gofynnwyd imi, efallai, am y tybiwyd mai fi yw un o'r ychydig sydd ar ôl o'r cyfnod hwn. Yn wir, bûm yn gysylltiedig â Stad Gelli Aur yn ardal ogleddol Ardal o Harddwch Naturiol Eithriadol Bryniau Clwyd ers cyn yr Ail Ryfel Byd.

Bu newidiadau syfrdanol yn ystod y cyfnod hwnnw. Diflannodd y tyddynnod lle roedd mwynwyr pwll y Parlwr Du yn gweithio, a'r pwll yntau hefyd. Unwyd y tiroedd i greu unedau mwy a gwerthwyd tai'r mwynwyr. A daeth newidiadau enfawr i'r mathau o anifeiliaid a fegir a'r cnydau a dyfir. Yn lle gwartheg llefrith Byrgorn fy mhlentyndod, daeth y gwartheg Friesian ac yna'r gwartheg Holstein. Daeth i ben y cyfnod pan roedd pob fferm yn cadw gwartheg, ac erbyn hyn un fferm lefrith sydd ar ôl gan gadw mwy o fuchod nag oedd ar y stad gyfan ers talwm. Yn lle'r gwartheg Hereford a ddefnyddiwyd i groesi ar gyfer cig, daeth y Charollais a'r Limousin. Ac yn lle'r diadelloedd o Ddefaid Cymreig daeth defaid croesbrid a defaid miwl, a meheryn Texel yn lle'r Suffolk. Diflannodd y moch a'r ffowls. Newidiodd y cnydau hwythau ac mae'r silwair a'r gwywair wedi cymryd lle'r gwair i raddau helaeth. Diflannodd y lleiniau bach o swêds, mangold a thatws. Yn lle'r cnydau o geirch daeth haidd yn brif gnwd grawn, ond glaswellt a dyfir amlaf. Mecaneiddio yw'r newid mwyaf gweladwy, ac o'i herwydd mae amaethyddiaeth yn rhan fach iawn o gyflogi gweithwyr erbyn hyn.

Ond mae'r teuluoedd o ffermwyr yn parhau ac yn sylfaen hanfodol i fywyd ym Mryniau Clwyd. Nhw yw cadarnle'r iaith Gymraeg a gwarchodwyr y Bryniau drwy'r tymhorau. Er y newidiadau a ddaeth dros y blynyddoedd, cadwyd llawer yn barhaol hefyd. Un o gyfrifoldebau allweddol Cydbwyllgor Ymgynghorol yr Ardal o Harddwch Naturiol Eithriadol y bûm yn aelod ohono ers nifer o flynyddoedd yw eu cynorthwyo a'u cynnal yn hyn o beth. Hir y parhaont.

Nigel Steele Mortimer
Gelli Aur

Bryniau Clwyd
Clwydian Range

Ardal o Harddwch Naturiol Eithriadol
Area of Outstanding Natural Beauty

Cynnwys

Cefndir

Yn y llyfr hwn byddwn yn dathlu ffermio ym Mryniau Clwyd a'r cyffiniau a'r etifeddiaeth gyfoethog sydd ynghlwm wrtho. Nid adrodd hanes ffermio yw fy mwriad - nid oes gennyf gefndir mewn ffermio a feiddiwn i ddim ysgrifennu cofnod ffurfiol am y pwnc. Ond ceisiais, drwy lun a stori, adlewyrchu hanfod bywyd ffermwyr ym Mryniau Clwyd a chofnodi rhai o'r newidiadau a ddigwyddodd yn ystod y ganrif a aeth heibio. Bu nifer fawr o ffermwyr yn fy nghynorthwyo i osod y llyfr hwn at ei gilydd, drwy ddod â hen luniau a rhannu atgofion, tra bu eraill yn esbonio'n amyneddgar am arferion ffermio wrth fy nhywys o gwmpas eu ffermydd. Yn yr hen ffotograffau, ceir darluniau sy'n deffro atgofion o'r hen ddyddiau ffermio ac mae yma ffotograffau cyfoes a dynnwyd ar ffermydd lleol ac mewn marchnadoedd anifeiliaid.

Yn y ffotograffau, ceir darlun o gyfnodau prysur y cynhaeaf a'r cynhaeaf gwair; amser paned yn y caeau; balchder y bugail mewn ci defaid a hyfforddwyd yn dda neu mewn hwrdd a enillodd y wobr; awyrgylch y farchnad; y tröwr yn canoli'i sylw a'i hoffter amlwg o'u geffylau, gwaith medrus y gof a'r saer troliau, a gwaith llafurus y crymanwr a'r codwr tatws.

Daeth newidiadau mawr i fyd ffermio yn ystod y ganrif ddiwethaf. Gall ffermwyr hŷn gofio am odro ac am gneifio â llaw, am beiriannau dyrnu stêm, gwneud tas wair, aredig â cheffylau a phrynu'r tractor cyntaf. Ond mae'r fferm gyfoes wedi'i mecaneiddio'n arw; mae gofyn am lai o bobl i'w rhedeg ac mae'r tractorau, y cynaeafwyr a'r peiriannau eraill wedi cynyddu o ran maint, cost a chymhlethdod. Tyfodd y ffermydd o ran eu maint ond mae nifer llai o lawer ohonyn nhw nag a fu.

Uchod: *Rhwymwr ŷd, 1930au, Maes-y-Groes, Cilcain (drwy garedigrwydd y Teulu Worthington)*
De: *Paul a Gaynor Roberts gyda defaid Suffolk, 1959,Tŷ Mawr, Tremeirchion (drwy garedigrwydd Mark Roberts)*

Marchnad Anifeiliaid Rhuthun

Seibiant am de, Plas yn Cwm, Waun
(drwy garedigrwydd Margaret Stanyer)

Troi'r gwair, Tŷ Gwyn, Tremeirchion, 1950au
(drwy garedigrwydd Clare Evans)

Firwood Farm, 1940au

Ar droad yr ugeinfed ganrif, roedd mwy o ffermydd ym Mryniau Clwyd nâ heddiw, a'r rhan fwyaf ohonyn nhw'n ffermydd llai o lawer. Tenantiaid oedd mwyafrif y ffermwyr, a'r tir yn eiddo i nifer o stadau mawr. Fferm gymysg, fechan oedd y fferm draddodiadol yn cadw anifeiliaid ac yn tyfu mathau gwahanol o gnydau. Dyma ddyfyniad o lythyr gan Minnie Peake o Fferm Firwood, Nannerch, i'w brawd oedd yn yr America, mae'n dangos y gymysgedd nodweddiadol o ffermio anifeiliaid a chnydau.

'Our corn looks middling, hay is pretty fair, turnips and potatoes are alright. We are milking 6 cows, 2 of them are heifers and we have 8 weaning calves, 6 horses and sheep – I cannot give you the count but think so far we have done well. At present we only have 2 sows but we have just sold 9 pigs and one is weaning tonight. We don't keep ducks now, they want running after and our legs are not so young as they used to be. We do not get many eggs for we have not many hens, about 30 and we used to have nearly 100. We churn twice a week and get 30-35lbs of butter. I think we shall have a fair amount of fruit this year. Gooseberries are very fine & blackcurrants.'

Firwood Farm, July 4th, 1910

Peiriant silwair Pottinger, Maes-y-Groes Bella, Cilcain

Mae ffermydd heddiw yn fwy, yn fwy arbenigol ac yn cyflogi llai o weithwyr. Yn y gorffennol, roedd bron pob fferm yn cadw o leiaf dwy fuwch odro ond heddiw ychydig iawn o ffermydd godro sydd yn ardal Bryniau Clwyd.

Nid oes rhaid i ffermwyr heddiw frwydro yn erbyn tywydd garw fel roedd ffermwyr y gorffennol, ond mae cyfnodau o dywydd cynnes a digon o law yn dal yn angenrheidiol a gall eira trwm achosi llawer o drafferthion. Oherwydd y newid a ddaeth yn sgil cynhyrchu silwair yn lle gwair, aeth yr angen am gyfnodau hir o dywydd braf yn ystod y cynhaeaf yn llai pwysig, ac mae'r peiriant combein sy'n torri ac yn dyrnu'r ŷd ar yr un pryd wedi chwildroi'r gwaith cynaeafu. Mae troi'r tir o sedd gynnes tractor modern gyda sbringiau da yn waith tra gwahanol i weithio â cheffylau neu ar dractor agored. Ac mae beiciau cwad cyflym yn arbed y coesau wrth hel defaid!

Er yr holl fanteision a'r dechnoleg newydd, fe wyneba'r ffermwyr cyfoes nifer o broblemau gwahanol. Maen nhw o dan bwysau mawr o'r holl waith papur a'r rheoliadau. Achosa'r cynlluniau talu, sy'n newid mor aml, gur pen i bawb a rhaid i'r ffermwr cyfoes fod yn bencampwr ar y cyfrifiadur, yn fedrus wrth lenwi ffurflenni, yn hyblyg, ac â phen busnes da. Ond er bod y dulliau ffermio wedi newid yn fawr dros y ganrif ddiwethaf, erys y berthynas gref sydd rhwng y ffermwyr a'r tir lle maen nhw'n byw ac yn gweithio.

Uchod: *Rheoli'r rhedyn*
(drwy garedigrwydd AHNE Bryniau Clwyd)
De: *Gosod ffens i ddiogelu'r gwrych*
a blygwyd, Maes-y-Groes, Cilcain

Nerth ceffylau

Roedd mwyafrif ffermydd yr ardal yn ddibynnol ar geffylau i wneud y gwaith trwm tan ar ôl yr Ail Ryfel Byd ac roedd rhai ffermydd yn dal i'w defnyddio ymhell i mewn i'r pumdegau. Ceffylau gwedd oedd yn tynnu'r aradr ac yn gwneud y gwaith trwm tra roedd y cobiau Cymreig, oedd yn llai, yn gwneud y gwaith arall. Roedd ceffyl gwedd da yn eiddo gwerthfawr iawn, a gellir gweld o'r hen luniau bod eu perchnogion yn ymfalchïo'n fawr ynddyn nhw.

'Roedd Walter Langford, tafarnwyr y Ceffyl Gwyn, Cilcain, yn cadw ceffylau gwedd i gyfebru cesig y ffermydd lleol. Roedd un march yn arbennig, Robin Hood VII, yn enwog am iddo allu cyfebru 390 o gesig mewn un tymor, a chael potel o Guinness ar ôl pob un!'

Vincent Vaughan

Roedd cobiau Cymreig yn geffylau amlbwrpas; yn gryf ac yn gallu gweithio chwe diwrnod yr wythnos gan dynnu troliau a pheiriannau ysgafn, a thynnu'r trap i fynd â'r teulu i'r gwasanaeth ar y Sul. Roedden nhw'n geffylau da i fynd ar eu cefnau hefyd.

'Yn ei ddydd, roedd y cob Cymreig fel car y teulu!'

John Rees

De uchaf: *Pistyll, Bodfari*
(drwy garedigrwydd Fiona Evans)

De: *Maes-y-Groes, Cilcain, 1930au*
(drwy garedigrwydd y Teulu Worthington)

Chwith: *Bob a Ted Jones yn tywys y ceffylau yn Kinsale, Maes Glas, Hydref 1972.*
(drwy garedigrwydd Vicky Jones, © Sain Ffagan: Amgueddfa Hanes Genedlaethol)

Uchod: *Huw Jones gyda'i farch gwedd y tu allan i dafarn Hope and Anchor, Dinbych, 1920au*
(drwy garedigrwydd Dilys Jones)
Chwith uchod: *Maes-y-Groes, Cilcain (drwy garedigrwydd y Teulu Worthington)*
Chwith isod: *Fferm Aberduna, Maeshafn (drwy garedigrwydd Roger Jones)*
De isod: *Ffordd Hir, Pantymwyn (drwy garedigrwydd y Teulu Davies)*

Glyn, Matti a Bob Edwards, y Fron, Hendre, gyda'r tîm o gesig ifanc, Queen a Jewel, ym Mhencampwriaeth Aredig Sir y Fflint yn y 1950au.
Enillodd Bob Edwards Bencampwriaeth Genedlaethol Cymru yn 1994.
(drwy garedigrwydd Bob Edwards)

Ioan Davies, Pistyll, Nercwys *(drwy garedigrwydd Ray Davies)*

Ivor Hughes, Bryn, Tremeirchion *(drwy garedigrwydd Delyth Potts)*

'Pan oeddwn i'n fachgen, roeddwn yn defnyddio cribyn gwair â dau geffyl yn ei dynnu i gasglu'r gwair sych yn rhesi. Roedd fy chwaer yn helpu drwy dynnu unrhyw wair oedd wedi mynd ynghlwm yn y peiriant â fforch hir. Cafodd ein cribyn gwair ei addasu'n ddiweddarach er mwyn i'r tractor allu'i dynnu.'

John James Parry,
Maes y Garnedd, Tafarn-y-Gelyn

Ceffyl a thrap o Laethdy Mount Pleasant, Gwernaffield (drwy garedigrwydd y Teulu Shawcross)

Plannu tatws, Ysgeifiog (drwy garedigrwydd Hazel Formby)

Malu cnwd gwraidd ar gyfer porthiant gan ddefnyddio chwim ceffylau, Henfaes, Nannerch, tua 1900 (drwy garedigrwydd y Teulu Morris)

Lladd gwair yn Rhual, (drwy garedigrwydd Major Heaton)

Pistyll, Bodfari (drwy garedigrwydd Fiona Evans)

Willie Woodward, Tafarn-y-Gelyn, 1936 (drwy garedigrwydd Anne Woodward)

Trol wair, Llanarmon-yn-Iâl (drwy garedigrwydd Olwen Roberts)

Tecwyn Morris, Henfaes, Nannerch, ynghyd â'i
wobrau am aredig. Roedd yn Bencampwr Aredig â
Cheffylau yn 1972 a 1973.
(drwy garedigrwydd y Teulu Morris)

Arddangos Aredig, Kinsale, Hydref 1972 gan y pencampwr
aredig Ted Jones, Plas Tirion, Chwitffordd a'i frawd Bob
Jones, Plas Kinsale, Treffynnon.
(drwy garedigrwydd Vicky Jones, © Sain Ffagan: Amgueddfa Hanes
Genedlaethol)

'Unig uchelgais llanc o'r wlad
Yw torri cŵys fel cŵys ei Dad.'
Cynan

R oedd troi'r tir â cheffylau yn waith medrus iawn, a'r tröwr yn ymfalchïo yn ei allu i dorri cŵys syth.
O ddiwedd yr 1800au, byddai llawer o siroedd yn cynnal cystadleuthau aredig, ac yn ystod y gaeaf byddai'r ffermwyr lleol am y gorau i droi'r glaswelltir ag aradr a cheffylau. O'r 1950au, ehangwyd y cystadlu i gynnwys dosbarth tractorau, a phan ddaeth cyfnod y moduron gallai'r cystadleuwyr deithio ymhellach. Sefydlwyd Cystadleuaeth Aredig Prydain yn 1951 a Chystadleuaeth Genedlaethol Cymru yn 1958. Daeth nifer o drowyr da o'r ardal hon, rhai a enillodd gystadlaethau cenedlaethol nifer o weithiau.

Cymerodd y tractorau cyfoes le'r hen geffylau'n gyfan gwbl erbyn hyn, ond mae rhai pobl frwd yn dal i barhau gyda'r hen draddodiad o aredig â cheffylau gwedd, yn cystadlu'n gyson ac yn arddangos eu sgiliau mewn Sioeau Amaethyddol. Mae troi'r tir â cheffylau'n parhau'n ddigwyddiad sydd bob amser yn denu tyrfa.

De: *Troi'r tir yn Aelwyd Uchaf (drwy garedigrwydd Evelyn Lloyd Davies)*
Isod: *Aredig â Cheffylau, Caerwys, 2010*

Y gof a'r saer troliau

Mae angen peirianwyr arbenigol i drwsio peiriannau ffermydd heddiw, ond ar ddechrau'r ugeinfed ganrif byddai'r ffermwyr yn dibynnu ar y gof a'r saer troliau.

Gŵr pwysig oedd y gof ymhob pentref; yn pedoli ceffylau, trwsio peiriannau a hogi offer. Aeth y gwaith ar i lawr pan ddaeth tractorau i gymryd lle'r ceffylau ac roedd yr efail wedi cau yn y mwyafrif o bentrefi erbyn canol yr ugeinfed ganrif.

Ond mae'r efail yn Nercwys yn dal i ffynnu, a'r un teulu sy'n ei rhedeg ers o leiaf pum cenhedlaeth. Wrth i'r gwaith pedoli ceffylau fferm ddod i ben, daeth gwaith newydd o'r arfer poblogaidd o farchogaeth am bleser. Mae'r gof presennol yn teithio ymhell ac agos i weithio ar geffylau rasio a phedoli ceffylau ar gyfer cystadlaethau rhyngwladol.

Gŵr arall oedd yn werthfawr i'r ffermwyr lleol oedd y saer troliau. Ei waith oedd gwneud a thrwsio olwynion ar gyfer cerbydau ceffylau a pheiriannau fferm. Byddai'r gof yn gwneud y camogau metel ar gyfer yr olwynion yn yr efail, ac yna byddai'r saer troliau'n eu poethi a'u gosod o gwmpas ymyl yr olwyn bren. Pan ddaeth y tractorau cyntaf i'r ffermydd, roedd rhaid cael saer troliau i addasu'r siafftiau oedd ar yr erydr a'r troliau er mwyn gallu'u gosod ar y tractor.

Y Brodyr Hughes, wrth eu gwaith yng Ngefail Tremeirchion, 1931. Buont yn ofaint yma am dros 50 mlynedd. (drwy garedigrwydd Archifdy Sir y Fflint)

Uchod: *Ted Hughes wrth ci waith yng ngefail Nercwys*

Isod: *Y tu allan i efail Nercwys*
(*drwy garedigrwydd Ray Davies*)

Chwith: *Ian Hughes y Farier yng ngefail Nercwys,
2010* (*drwy garedigrwydd Glyn Hughes*)

Bill Jones, y gof olaf yng ngefail Llaneurgain yn y 1970au
(drwy garedigrwydd Dorothy Jones)

Adam Woodward, saer troliau, saer a threfnwr angladdau, yn gweithio gyda'i gynorthwyydd yn Nhafarn y Gelyn, tua 1950 *(drwy garedigrwydd Anne Woodward)*

Gweithwyr niferus

Ychydig iawn o beiriannau ffermio oedd ar gael ar ddechrau'r ugeinfed ganrif, a'r rhan fwyaf o'r gwaith yn cael ei wneud â nerth braich; o agor ffosydd a thorri coed i godi tatws, hau a chwynnu. Yn aml iawn roedd y gwair a'r ŷd yn cael eu torri â phladur. Byddai nifer o ddynion yn torri'r cae; y prif bladurwr yn cychwyn gan wneud tri neu bedwar toriad, yna'r dyn nesaf yn cychwyn nes byddai pob pladurwr wrthi'n crymanu yn un rhes ar draws y cae. Ar ddiwedd pob rhes byddai'r dynion yn cerdded yn ôl i hogi'r cryman cyn cychwyn ar y rhan nesaf. Yn raddol, cafodd y ffermydd beiriannau torri gyda cheffylau'n eu tynnu, ond roedd rhaid defnyddio cryman ar gorneli'r cae ac i dorri ystod ar ymyl y cae i'r peiriannau allu dechrau'r torri heb fynd drwy'r ŷd oedd yn sefyll.

Uchod: *Ty Mawr, Tremeirchion*
(drwy garedigrwydd Mark Roberts)
De: *Saethu cwningod yn Greenbank,*
Tremeirchion
(drwy garedigrwydd Gwynfa Derosa)
Pellaf ar y dde: *Torri ffosydd yn*
Henblas, Tremeirchion
(drwy garedigrwydd Linda Roberts)
Chwith: *Torri â chryman,*
Penymynydd, Nannerch
(drwy garedigrwydd Betty Kent)

Safai gwrychoedd a waliau cerrig a godwyd o gerrig lleol o gwmpas y caeau. Roedd plygu gwrychoedd, i greu gwrych trwchus oedd yn rhwystro anifeiliaid, a chodi waliau yn dasgau oedd yn gofyn am allu arbennig. Mewn llawer o ardaloedd gosodwyd ffensys pyst a gwifrau, sy'n gofyn am lai o gynnal a chadw, yn lle'r hen derfynau traddodiadol. Ond ym Mryniau Clwyd gwelir yr hen waliau yn dal i ymdroelli dros ochrau'r bryniau ac mae gwrychoedd trwchus o gwmpas y rhan fwyaf o gaeau, gan ychwanegu at nodweddion arbennig y dirwedd. Mae plygwyr gwrychoedd a chodwyr waliau medrus yn dal i weithio'n lleol a gellir dysgu'r grefft mewn cyrsiau sy'n cael eu cynnal gan AHNE Bryniau Clwyd.

Arwel Huws yn dysgu gwirfoddolwyr sut i godi waliau ar Fryniau Clwyd
(drwy garedigrwydd AHNE Bryniau Clwyd)

Idris Blackwell yn plygu gwrych, Cilcain (drwy garedigrwydd Dennis Kemp)

Tom Davies mewn cystadleuaeth plygu gwrych (drwy garedigrwydd Dilys Jones)

Gwirfoddolwyr yn dysgu sgiliau plygu gwrych ar Fryniau Clwyd
(drwy garedigrwydd AHNE Bryniau Clwyd)

Dod â'r cynhaeaf i mewn

Roedd angen llawer o lafurwyr adeg y cynhaeaf gwair a'r cynhaeaf ŷd. Byddai gweithwyr y ffermydd cyffiniol yn dod at ei gilydd a byddai'r ffermwyr yn cyflogi gweithwyr teithiol a gweithwyr achlysurol hefyd. Yn aml iawn, byddai'r bechgyn yn aros gartref o'r ysgol i helpu. Mis Mehefin oedd adeg torri'r gwair, ac roedd hi bob amser yn ras yn erbyn y tywydd. Ar ôl cael ei dorri, byddai'n cael ei adael yn y meysydd am nifer o ddiwrnodiau i sychu. Yn ystod y diwrnodiau hyn roedd yn cael ei droi unwaith â phicellau neu â pheiriant troi oedd yn cael ei dynnu gan geffylau. Yna roedd yn cael ei gasglu'n sypiau gan ddefnyddio'r cribyn gwair, ei godi i wagen a mynd â fo i wneud tas wair gan ddefnyddio picellau. Yn aml, roedd to gwellt yn cael ei osod ar ben y das wair orffenedig i'w chadw rhag y glaw. Dro arall, byddai'r gwair rhydd yn cael ei roi mewn ysgubor i'w gadw.

Uchod: *Y Cynhaeaf Gwair yn Greenbank, Tremeirchion (drwy garedigrwydd Gwynfa Derosa)*

De uchod: *Cribinio'r gwair*
(drwy garedigrwydd Meinir Shiel)

De: *Lladd gwair yn Greenbank, Tremeirchion*
(drwy garedigrwydd Gwynfa Derosa)

Pantygraig, Pantymwyn *(drwy garedigrwydd y Teulu Davies)*

Yr Hen Ficerdy, Llanarmon-yn-Iâl *(drwy garedigrwydd Mair Lloyd)*

Mwynhau seibiant haeddiannol yn ystod y cynhaeaf gwair, Erw Goed, Nercwys
(drwy garedigrwydd Meinir Shiel)

Y Teulu Stoddart, Llanarmon-yn-Iâl *(drwy garedigrwydd Kathleen Jones)*

'Wnâi fy nhad ddim caniatáu inni ddefnyddio'r peiriant troi gwair am ei fod yn credu ei fod yn taro'r hadau i ffwrdd ac yn gostwng yr ansawdd. Gwaith caled oedd troi'r gwair efo phicellau ond roedd ein gwartheg ni wastad yn pesgi'n dda ar y gwair oedd wedi'i droi a llaw!'

Bob Edwards, Fferm y Fron, Hendre

'Yn yr 1930au roedd adeg cynhaeaf gwair yn amser prysur iawn, ac angen llawer o weithwyr ychwanegol, yn arbennig i roi'r gwair mewn mydylau â'r picffyrch. Roedd yr holl deulu wrthi'n helpu a gweithwyr achlysurol hefyd- glowyr oedd allan o waith ar y cyfan. Roedd y glowyr yn gryf ac yn weithgar ond yn arfer â gweithio o dan y ddaear gyda chaib a rhaw, nid gyda phicfforch - roedd rhaid ichi gadw'n ddigon pell oddi wrthyn nhw!'

Thos Roberts, Hendre Isa, Nercwys

Maes-y-Groes, Cilcain
(drwy garedigrwydd y Teulu Worthington)

Bryn, Tremeirchion (drwy garedigrwydd Delyth Potts)

Pistyll, Bodfari (drwy garedigrwydd Fiona Evans)

Dyrnu yn Llanelidan, 1910 *(drwy garedigrwydd Archifdy Sir Ddinbych)*

Yn y cae ŷd, Llanarmon-yn-Iâl
(drwy garedigrwydd Olwen Roberts)

Stwcio ysgubau ŷd, Ty Ucha, Waen
(drwy garedigrwydd Margaret Stanyer)

Rhwymydd ŷd Henfaes, Nannerch *(drwy garedigrwydd y Teulu Morris)*

Cynaeafwyd yr ŷd ar ddiwedd mis Awst neu ym mis Medi, drwy nerth braich yn y dyddiau cynnar ond wedyn daeth y peiriant rhwymo ŷd gyda cheffylau'n ei dynnu. Roedd hwn yn torri'r ŷd, ei ollwng ar lwyfan mecanyddol, ei gludo i'r peiriant rhwymo i'w gasglu'n fwndeli yna'i rwymo a'i daflu allan yn ysgubau. Gosodwyd pedair neu bum ysgub mewn stwcyn a'u gadael i sychu yn y cae. Pan roedd yr ysgubau'n ddigon sych i'w cadw, fe'u teflid i wagen gyda cheffylau'n ei thynnu ac yna roeddynt naill ai'n cael eu pentyrru i wneud tas wair oedd â tho gwellt arni neu'n cael eu cymryd i'r ysgubor i'w cadw.

Ym mis Hydref, byddai'r peiriant dyrnu stêm yn mynd o fferm i fferm i wahanu'r ŷd oddi wrth yr us a'r coesau. Diwrnod pwysig oedd diwrnod dyrnu, ac roedd angen o leiaf deg o ddynion. Roedd yn waith diwrnod cyfan a byddai gwraig y ffermwr bob amser yn paratoi gwledd ar gyfer y gweithwyr. Teflid yr ysgubau i ddyn oedd yn sefyll ar ben y peiriant dyrnu a byddai hwnnw'n eu taflu i mewn i'r drwm dyrnu oedd yn troi. Yna byddai'r ŷd yn dod allan i lawr y llithren i sachau, a'r gwellt a'r us yn dod allan ar wahân.

'Wrth ichi agosáu at waelod y das, byddai'r llygod mawr yn rhedeg allan. Roeddem yn clymu llinyn o gwmpas gwaelod ein trowsus rhag iddyn nhw redeg i fyny ein coesau! Cofiaf helpu gyda'r dyrnu ar ydlan fferm Tŷ Ucha, lle roedd y llygod mawr bob amser yn rhedeg i guddio mewn wal yng nghefn yr ydlan. Dyn caled oedd fy ewythr Si Langford. Byddai'n rhoi ei law mewn twll yn y wal ac yn tynnu'r llygoden fawr allan, wedyn byddai un ai'n ei gwasgu i farwolaeth â'i ddwylo neu'n ei tharo ar ei phen - yn ôl yr hanes, fe laddodd 81 y diwrnod hwnnw!'

Vincent Vaughan, Cilcain

Peiriant dyrnu ac injan stêm, Aelwyd Uchaf, Tremeirchion
(drwy garedigrwydd Evelyn Lloyd Davies)

Cynaeafu'r ŷd ym Maes-y-Groes, Cilcain yn y 1930au
(drwy garedigrwydd y Teulu Worthington)

Adeiladu'r das

Dyrnu'r ŷd

Yn ystod yr Ail Ryfel Byd, pan roedd y gweithlu o ddynion yn isel iawn, daeth nifer o 'Ferched y Tir' a oedd wedi ymuno â Byddin Tir y Merched (Womens' Land Army) i weithio ar y ffermydd lleol. Roedd nifer ohonyn nhw'n dod o'r dinasoedd, o Lerpwl yn bennaf, a llwyddo i gynefino yn yr ardaloedd gwledig. Priododd rhai ohonyn nhw â ffermwyr lleol a dod i fyw i'r ardal.

Merch y Tir, Margaret Benjamin yn gweithio yn Nhy Ucha, Waun. Arhosodd ar ôl diwedd y rhyfel a phriodi Patrick Stanyer, mab y ffermwr.
(drwy garedigrwydd Margaret Stanyer, neé Benjamin)

Merch y Tir yn trin y peiriant byrnu (drwy garedigrwydd Noel Jones)

Merched y Tir yng Ngwysannau, ger yr Wyddgrug. Roeddynt yn aros yn hostel Rhyd Alun
(drwy garedigrwydd Olwen Jones)

Carcharorion Rhyfel yn codi tatws ar fferm Maes Mynan, Afonwen
(drwy garedigrwydd Dilys Jones)

Ar ddiwedd y rhyfel, anfonwyd Carcharorion Rhyfel i weithio ar y ffermydd lleol i helpu gyda'r prinder gweithwyr. Roedd y rhan fwyaf ohonyn nhw'n byw mewn gwersylloedd ac yn cael eu cludo mewn lori i fferm wahanol bob dydd, yn ôl yr angen. Roedd rhai yn aros ar y fferm. Parhâi rhai o'r carcharorion i weithio ar y ffermydd am nifer o flynyddoedd am nad oedd modd i bawb ddychwelyd adre ar unwaith, ac roedd y prinder dirfawr am lafur yn parhau. Cynigiwyd rhyddid a chyflog i rai o'r carcharorion am gytuno i aros ymlaen am flwyddyn arall. Aeth y mwyafrif ohonyn nhw adre, ond ymgartrefodd rhai yn yr ardal.

'Eidalwyr oedd y Carcharorion Rhyfel cyntaf ddaeth atom ni. Roedden nhw'n wych – yn swnllyd ac yn ffraeo ymhlith ei gilydd ond bob amser yn hwyliog ac yn weithwyr caled iawn. Dyma'r tro cyntaf erioed inni gyfarfod ag unrhyw bobl o wlad estron.'

Elvet Pierce, Fferm Gelli, Nannerch

'Roeddwn i wedi bod yn awyr filwr ym myddin yr Almaen yn brwydro ar lannau chwith yr Afon Rhein. Ym mis Medi 1944, cefais fy nghlwyfo'n ddrwg a fy nal. Ar ôl imi wella mewn ysbytai, aed â fi i Brydain a threulio amser mewn nifer o wersylloedd, yn gweithio ar ffermydd ac wedyn yn Bees Nurseries, Sealand.

Yn 1947, anfonwyd fi i weithio ar Fferm Pen Llan, Cilcain. Roeddwn yn dod ymlaen yn dda iawn efo'r ffermwr oedd dim ond ychydig o flynyddoedd yn hŷn na fi, ac fe wnaeth imi deimlo'n gartrefol iawn. Gofynnodd swyddog o Bwyllgor Amaeth y Rhyfel a oeddwn yn fodlon aros am flwyddyn arall i weithio ar ffermydd a derbyn cyflog. Derbyniais y cynnig ar ôl deall nad oeddwn am gael mynd yn ôl adre am beth amser.

Ym mis Rhagfyr 1948, mi es adre am gyfnod byr i weld fy nheulu, a dod yn ôl yn fuan iawn i briodi fy nghariad oedd yn byw ar fferm gyfagos. Arhosais yn yr ardal fyth ers hynny, yn gweithio ar ffermydd a choedwigoedd ar y cyfan'.

Frank Bluhm, Cilcain

Frank Bluhm ym Mhen Llan, Cilcain, 1952 *(drwy garedigrwydd Frank Bluhm)*

Mecaneiddio

Defnyddid tractorau ar rai o ffermydd Prydain yn ystod y Rhyfel Byd Cyntaf, ond aeth nifer o flynyddoedd heibio cyn iddyn nhw fod yn gyffredin. Erbyn y tridegau dim ond un o bob pymtheg o ffermydd Prydain oedd yn defnyddio tractor, ac mae'n debyg bod y nifer yn is yng ngogledd ddwyrain Cymru lle roedd llawer o ffermydd lleol yn dibynnu ar geffylau a gweithwyr tan y pedwardegau neu'r pumdegau.

Cafodd yr Ail Ryfel Byd ddylanwad enfawr ar fyd ffermio gan gyflymu mecaneiddio a hybu datblygiad dulliau ffermio dwys a gwyddonol. Cyn y rhyfel, roedd dros bumawd y boblogaeth yn ymwneud ag amaethyddiaeth ond eto roedd Prydain yn dal i fewnforio y rhan fwyaf o'r bwyd am nad oedd y dulliau traddodiadol o ffermio yn effeithiol iawn. Roedd blocadau'r Almaen wedi torri'r cyflenwad o fwyd oedd yn gallu dod i mewn i'r wlad, a'r U – boats yn suddo miloedd o dunelli o longau, ac felly bu rhaid wrth ymdrech fawr i geisio cynyddu'r cynhyrchiad o fwyd cartref er mwyn bwydo'r boblogaeth.

Ym mhob rhanbarth, sefydlwyd Pwyllgor Gweithredol Amaethyddiaeth Rhyfel i gydlynu gwaith y ffermwyr lleol ac i gynhyrchu'r mwyaf posib o fwyd. Roedd tractorau a pheiriannau eraill ar gael iddyn nhw'u defnyddio a'r awdurdod ganddyn nhw i drefnu gweithwyr symudol, i arolygu ffermwyr ac i orchymyn beth oedd i'w dyfu. Anogwyd ffermwyr i blannu mwy o ŷd ac o gnydau gwraidd, felly cafodd lleiniau mawr o laswelltir ei droi am y tro cyntaf erioed. O ganlyniad, dyblodd cynhyrchu bwyd mewn pum mlynedd.

De uchod: *Sam Evans ac Adam Woodward yn torri gwair yn Llanferres yn y 1950au* (drwy garedigrwydd Anne Woodward)

Chwith: *Defnyddio'r combein yn Nhŷ Ucha, Waun, tua 1950* (drwy garedigrwydd Margaret Stanyer)

De: *Arbrofi peiriant byrnu Jones yn Henllan* (drwy garedigrwydd Noel Jones)

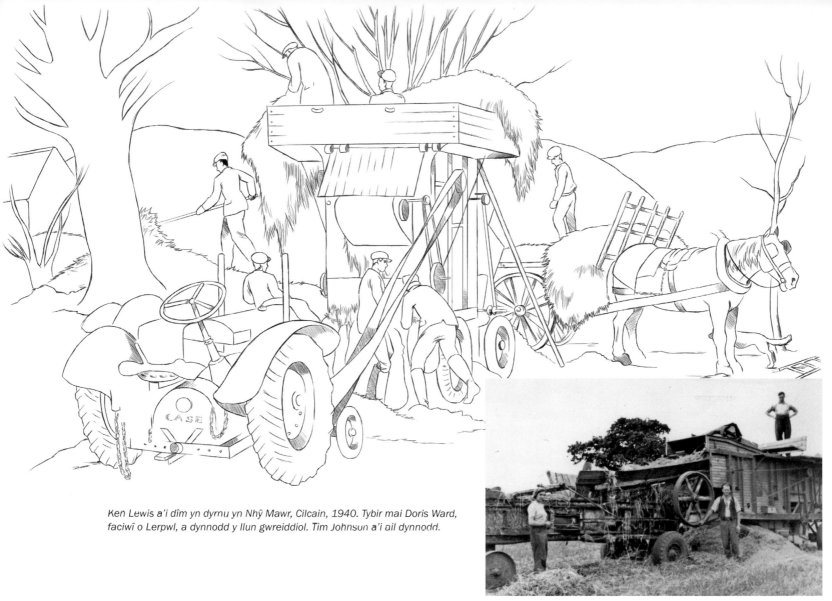

Ken Lewis a'i dîm yn dyrnu yn Nhŷ Mawr, Cilcain, 1940. Tybir mai Doris Ward, faciwî o Lerpwl, a dynnodd y llun gwreiddiol. Tim Johnson a'i ail dynnodd.

Ken a Geoff Lewis wrthi'n dyrnu, 1950au
(drwy garedigrwydd Ken Lewis)

'Am fod llawer mwy o gnydau'n cael eu tyfu yn ystod y Rhyfel roedd prinder o gontractwyr i ddyrnu. Yn 1940, prynodd fy mrawd a minnau'r tractor bach American Case Model R a chael peiriant dyrnu ar brydles o'r 'War Ag'. Aethon ni o un fferm i'r llall - yn ardal Cilcain ar y cyfan. Roedd mwy o beiriannau'n dod ar longau o'r America drwy'r cynllun benthyg. Yn 1942, bu inni brynu tractor Case LA mwy, a chael un arall ar brydles oedd wedi cael ei anfon i Lerpwl ar y llong SS Montevideo. Dyma'r unig dractorau Case yng ngogledd Cymru ac yn beiriannau arbennig o dda. Erbyn diwedd y rhyfel, roedden ni'n rhedeg tri o unedau dyrnu dros ardal eang.'

Ken Lewis, Cyfnant Uchaf, Llanarmon-yn-Iâl

Yn yn y dechrau, gallai tröwr medrus guro'r tractorau newydd, ond pan wellodd y tractor a gallu'r gyrrwr, roedd tractor yn curo ceffyl yn fuan iawn. Gallai tröwr profiadol droi erw o dir y diwrnod gyda thîm da o geffylau, ond gall tractor modern droi hyd at 20 erw y dydd! Gwellodd y tractorau'n gyflym gan ddod yn gryfach a thynnu mwy o beiriannau. Pan ddaeth loriau, landrofers a threlars daeth oes y ceffyl i ben.

'Yn 1943, cawsom ein tractor cynta, y Fordson Bach, a'i rannu gyda'r fferm drws nesaf. I ddechrau, roedden ni'n ei ddefnyddio i droi'r tir yn unig am fod gan y rhan fwyaf o'r offer fferm siafftau i'w gosod ar geffylau a byddai rhaid eu haddasu i'w rhoi ar dractor. Roedd eich breichiau'n brifo'n arw ar ôl gyrru'r tractor - roedd olwynion metal ganddyn nhw a dim sbringiau na llywio pŵer- ond roedden ni'r bobl ifanc yn meddwl ei fod o'n wych.'

Idris Jones, Treuddyn

Tractorau Ferguson ar stondin Peirianwyr Amaeth Gogledd Cymru yn Sioe Frenhinol Cymru yn Abergele yn y 1950au
(drwy garedigrwydd Bryn Jones)

'Yn y gystadleuaeth aredig yng Nghilcain yn 1950 fe achosodd y clai gwlyb bob math o broblemau i'r ceffylau ac i'r erydr. Dangosodd gwmni tractorau Ferguson eu tractor newydd oedd ag aradr hydrolig ac fe greodd hyn gymaint o argraff ar y ffermwyr, fe gafodd 11 o dractorau newydd eu harchebu'r diwrnod hwnnw!'

Harry Williams, Fferm Fforest, Cilcain

Arddangos Tractor Ferguson yn tynnu triniwr tir
(drwy garedigrwydd Bryn Jones)

Glynne a David Jones gyda'r injan dynnu tua 1930au
(drwy garedigrwydd Noel Jones)

Roedd symud y byrnau'n haws o lawer na symud sypiau o
wellt rhydd (drwy garedigrwydd Idris Jones)

Wrth i'r rhyfel fynd yn ei blaen roedd prinder mawr o ddarnau ac o ddefnyddiau. Nid oedd peiriannau newydd yn cael eu gwneud am fod rhaid i'r holl ddefnyddiau oedd ar gael fynd tuag at yr ymgyrch rhyfel. Roedd trwsio a gwneud y tro yn gymaint rhan o ffermio ag o'r cartref - cedwid hen olwynion, darnau o fetel, bolltau a sgriwiau i'w hailddefnyddio. Dysgodd ffermwyr addasu a gwneud eu cyfarpar eu hunain. Yr ysbryd hwn a arweiniodd at ddatblygu un o gwmnïoedd amaethyddol enwocaf Prydain - Jones Balers.

Bu'r brodyr Jones, Glynne a David, yn weithwyr fferm ar ôl cael eu troi allan o'u ffermydd yn ystod y dirwasgiad ffermio yn yr ugeiniau. Yn nes ymlaen, prynodd y brodyr beiriant stêm a theithio o fferm i fferm yn gwneud gwaith trwm, fel tynnu boncyffion coed a dyrnu ŷd. Roedd adeg y cynhaeaf yn dal i ofyn am lawer o weithwyr a dwy o'r jobiau drutaf o ran amser oedd trin a gwellt rhydd ar ôl y dyrnu a'r torri gwair. I wneud pethau'n waeth, roedd yna brinder mawr o weithwyr oherwydd y rhyfel a mwy o erwau i'w trin. Deallodd y brodyr y byddai gwasgu'r gwellt a'r gwair i lunio byrnau yn eu gwneud yn haws i'w trin a'u cadw.

Drwy addasu'r peiriannau oedd ganddyn nhw'n barod, cynhyrchodd Glynne a David, ynghyd â George Williams, eu byrnwr gwair cyntaf , at eu defnydd eu hunain. Roedd y byrnwr yn gallu cywasgu'r gwair neu'r gwellt yn dynn i fyrnau hirsgwar a hwylus y gellid eu cario i'r ysgubor i'w cadw. Creodd hyn gymaint o argraff ar y ffermwyr lleol roedden nhw am gael byrnwr eu hunain. Felly, yn 1942, dechreuodd y brodyr gynhyrchu ar hen safle cloddfa plwm yn Rhosesmor, gan adeiladu un peiriant ar y tro a chyflogi bechgyn fferm lleol i weithio iddyn nhw.

Oherwydd y milwyr a ddaeth adref o'r rhyfel roedd yna weithlu mawr a medrus, ac roedd driliau a thurniau a chyfarpar arall ar gael yn rhwydd ar ôl y rhyfel. Cynyddodd y gofyn am fyrnwyr a thyfodd y busnes yn gyflym gan symud i ffatri newydd yn yr Wyddgrug yn 1958.

Roedd rhai cwmnïoedd eraill wrthi'n datblygu byrnwyr hefyd, yn arbennig yn yr America, ond roedd peiriannau'r Brodyr Jones yn fwy llwyddiannus am eu bod wedi'u cynllunio i deithio ar ffyrdd cul a thrwy giatiau cyfyng Cymru ac am fod yr holl arbrofi'n digwydd ar ffermydd lleol. Yn fuan iawn tyfodd byrnwyr yn boblogaidd mewn rhannau eraill o Brydain oedd â'r un amgylchiadau.

Lluniau o fyrnwyr
(drwy garedigrwydd Noel Jones)

Jones Balers yng Ngorsaf yr Wyddgrug ar eu ffordd i Awstralia! (drwy garedigrwydd Noel Jones)

Wrth i'r cwmni dyfu, cynyddodd yr amrywiaeth o nwyddau a dechreuodd Jones Balers allforio ar hyd a lled y byd. Archebodd Allis Chambers, y cwmni o America, nifer fawr o'r peiriannau a dymuno'u cynhyrchu o dan drwydded yn yr America. Bu iddynt brynu'r holl gwmni yn y diwedd yn 1961. Roeddent wedyn yn cael eu gwneud yng Nghymru a'r America.

Ypeiriant cynaeafu combein oedd y datblygiad nesaf i drawsnewid y gwaith o gynaeafu. Roedd hwn yn cyfuno cynaeafu a dyrnu mewn un weithred. Yn yr America y cafodd y combeins cyntaf eu datblygu yn y 19edd ganrif, ond roedd y rhain yn fawr ac yn afrosgo. Daeth y combeins llai oedd yn fwy addas i ffermydd Prydain yn ystod ugeiniau a thridegau'r ugeinfed ganrif. Roedd hi'n fwy diweddar o lawer cyn iddyn nhw gael eu defnyddio'n gyffredinol yng Ngogledd Cymru, am fod y prisiau'n uchel a'r tir yn anaddas. Oherwydd y peiriant combein, gellid gwneud yr holl gynaeafu yn y maes ac mewn un weithred.

Dyma'r combein cyntaf a wnaed gan Jones Balers yn cael ei brofi ym Mhenbedw, Nannerch yn y 1950au
(drwy garedigrwydd Noel Jones)

Chwith uchod: *Gwaith Combein yn Nhŷ Gwyn ar ddechrau'r 1950au*
De uchod: *Gwaith Combein yn Sir Gaer tua 2000*
(drwy garedigrwydd Bernard Stanyer)
Isod: *Gwaith Combein yng Ngellifor, 1965*
(drwy garedigrwydd Anne Williams)

Gwneud silwair yn Nhŷ Mawr, Tremeirchion, 2008 (drwy garedigrwydd Mark Roberts)

Silwair

Mae silwair – glaswellt wedi eplesu – yn llai dibynnol ar y tywydd ac yn ddewis arall yn lle gwair i ddarparu bwyd gwartheg maethlon at y gaeaf. Rhaid i wair gael nifer o ddiwrnodiau o dywydd braf i sychu'n iawn, gall gwair gwlyb bydru ac yna mae'n ddi-werth. Does dim angen i silwair sychu a dim ond am ddiwrnod bydd rhaid ei adael cyn ei roi mewn sachau neu eu dorri'n ddarnau a'u osod yn dynn mewn biniau i eplesu. Gall ffermwyr dorri un cae ddwy neu dair gwaith mewn tymor, felly mae'r cynnyrch yn uchel hefyd. Dechreuodd gwneud silwair ddod yn boblogaidd ar ôl yr ail ryfel byd, ac erbyn hyn mae'n cael ei ddefnyddion amlach o lawer na gwair. Golygfa gyffredin iawn ar ffermydd heddiw yw'r byrnau silwair mawr wedi'u lapio mewn polithin du, a'r pyllau silwair wedi'u gorchuddio â pholithin â theiars yn ei ddal i lawr. Arogl siarp a melys sy'n dod ohono.

Peiriant Pottinger yn casglu'r silwair ym Maes-y-Groes Bella, Cilcain

Dwysaodd y dulliau ffermio ar ôl y Rhyfel ac fe gynigiwyd grantiau i annog ffermwyr i wella'r tir gwael ac i gynyddu'r cynnyrch. Oherwydd y peiriannau gwell, roedd modd aredig y tir ar lethrau mwy serth, ac fe gafodd rhannau mawr o laswelltir garw a rhostiroedd ar lethrau isaf Bryniau Clwyd eu haredig a'u hau.

Syfrdanu buasai unrhyw un oedd yn ffermio ganrif yn ôl o weld maint a phŵer y peiriannau sydd ar ffermydd heddiw. Mae'n gyffredin iawn i dractorau modern fod dros 100 marchnerth, a llawer hyd yn oed yn gryfach na hynny. Gall trowyr gwair droi nifer o sypiau o wair ar unwaith a gall rhai erydr droi 10 cŵys ar y tro. Rhaid cyflogi arbenigwyr electronig i drin y cyfarpar cyfoes, gan blygio'r peiriant i mewn i gyfrifiadur i ddod o hyd i'r diffygion! Ar rai o'r tractorau a'r combeins diweddaraf, ceir Teclyn GPS i lywio'n awtomatig mewn rhes syth gan greu'r gofod gorau rhwng pob rhes. Gyda'r peiriannau hyn, lloeren sy'n creu'r rhesi syth nid gallu'r tröwr. Daeth i ben y ddyddiau pan roedd angen nifer fawr o weithwyr i gynaeafu ac i dorri gwair.

Tröwr gwair 3-fforch yn ymyl Loggerheads

Casglu'r gwair, Ty'n-y-Caeau, Cilcan

Bugeilio'r defaid

Bu llethrau uchaf Bryniau Clwyd yn dir pori erioed, yn glytwaith o rostir, grug, llus a glaswelltir. Defaid yw'r prif anifeiliaid sy'n pori ar y bryniau hyn heddiw, ond gwartheg caled oedd yma ers talwm. Defaid Mynydd Cymru yw mwyafrif y defaid am eu bod yn gallu byw o dan amodau caled, ac oherwydd eu gwlân byr a thrwchus gallant oddef y glaw trwm a'r oerni ar y tir uchel, a gallant fyw ar borfa wael iawn hefyd. Yma y magwyd llawer iawn o'r Defaid Mynydd Cymru a ddaeth i'r brig mewn cystadlaethau.

Tir comin yw llawer o'r tir mynydd. Mae gan y ffermwyr (y cynefinwyr) sydd â thir sy'n ffinio'r mynydd, yr hawl i roi nifer penodol o anifeiliaid i bori ar y mynydd. Mae'n bwysig pori ar y lefel cywir er mwyn cadw'r ddafad a'r rhostir mewn cyflwr da. Yn arferol, mae'r defaid yn cael eu rhoi ar y mynydd yn y gaeaf er mwyn i'r tir isaf gael gorffwys cyn y cyfnod ŵyna, ac eto yn yr haf er mwyn cael torri'r glaswellt ar y tir isel ar gyfer gwair a silwair. Mae gan y defaid hyn y reddf 'cynefino', sy'n golygu bod gan bob diadell ei rhan ei hun o'r mynydd, ac yn cadw ati. Bob blwyddyn, bydd yr ŵyn yn mynd i'r mynydd gyda'r fam a bydd hithau'n eu dysgu ble mae ffiniau eu cynefin.

'Roedd Robert Thomas Jones ein bugail yn deall mwy am ddefaid nag unrhyw un. Gallai ddarllen y tywydd a dod â'r defaid i lawr o'r mynydd os roedd yn tybio bod eira mawr ar y ffordd. Ond roedd yn gwybod bod glaw ddim yn broblem iddyn nhw.'

Capten Archdale, Penbedw, Nannerch

Chwith: *Defaid yn pori ger Graigfechan*
De: *Ŵyn mewn eira*
(*drwy garedigrwydd Pete Lewis*)

THE WELSH HALFBRED

The mountain sheep are sweeter
But the valley sheep are fatter
So we married all the virtues
Of the former to the latter

With Welsh Halfbred apologies to Thomas Love Peacock

Mae'r ardal hon yn enwog am fridwyr defaid a ddaeth i'r brig mewn cystadlaethau. Cynhyrchodd pum cenhedlaeth o'r Teulu Lloyd o Sychdyn a Cildaugoed, Tremeirchion, pencampwyr Defaid Mynydd Cymru a enillodd mewn sioeau lleol, cenedlaethol, a rhyngwladol. Cyflwynodd Richard Lloyd ei arferion ffermio i Martin Sivill, oedd â'i deulu'n byw yn agos at un o gaeau Richard. Bu Martin yn dangos defaid a gwartheg yn llwyddiannus iawn, ac mae erbyn hyn yn magu defaid Hampshire Down ar Fferm Glanrafon, Waen.

Bu'r Capten Archdale, Penbedw, yn croes fridio hyrddod Border Leicester a defaid Mynydd Cymru a chynhyrchu dafad fwy ei maint sy'n cyfuno rhinweddau'r ddau frid. Daeth y croes frid a elwir yn Welsh Halfbred yn frid sefydledig sy'n boblogaidd ar diroedd isel Cymru a Lloegr.

'Ers pan oeddwn i'n ddim ond saith oed, roeddwn i wrth fy modd yn treulio oriau yn y caeau efo Richard - yn ei wylio'n gweithio ac yn ceisio'i helpu. Richard sy wedi dysgu popeth imi am ffermio, gan gynnwys sut i fridio ac i ddangos anifeiliaid. Esboniodd imi fod ennill mewn sioe fawr fel 'ffenest siop' ac yn hysbyseb mor dda i'r anifeiliaid roedden nhw bob amser yn gwerthu'n dda wedyn.'

Martin Sivill

Chwith: *Richard Lloyd yn ennill yn Sioe Frenhinol Cymru (drwy garedigrwydd Richard Lloyd)*
De: *Richard Lloyd a Martin Sivill a'r defaid a ddaeth i'r brig mewn cystadlaethau, yng nghwmni'r Dywysoges Anne yn Sioe Frenhinol Cymru 1991. (drwy garedigrwydd Martin Sivill)*

Isod: *Martin yn ennill cystadleuaeth y Triniwr Ifanc yn y Sioe Frenhinol yn 2001 (drwy garedigrwydd Martin Sivill)*

Will Goodwin, Pantymwyn
(drwy garedigrwydd Mona Williams)

Glyn yn gweithio gyda Ben, un o'i gŵn defaid a ddaeth i'r brig mewn treialon
(drwy garedigrwydd Glyn Jones)

'Pan roeddwn ni'n 19 oed, es i dreialon cŵn defaid ym Mhenbedw yng nghwmni fy nhad a'i ffrindiau. Roedden nhw wedi bod yn yfed drwy'r dydd ac erbyn ein tro ni roedden nhw'n rhy feddw i gystadlu, felly es i yn eu lle- ac ennill! Roedd yn deimlad anhygoel, a fyth ers hynny mae treialu wedi cael gafael ynof i.'

Glyn Jones, Bwlch Isaf, Bodfari

'Rydw i wrth fy modd ar y bryniau efo ychydig o gŵn defaid. Mae casglu defaid â chŵn da yn waith pleserus iawn; eu gweld yn ufuddhau a finnau'n cael bod mewn lleoedd agored ymhell o gwmni pobl!'

Peter Rowley Williams, cadeirydd porwyr Moel Famau

Daw llawer o dreialwyr cŵn defaid da o Fryniau Clwyd, yn arbennig Glyn Jones sy'n Uwch Bencampwr Rhyngwladol ac a enillodd y gystadleuaeth One Man and His Dog dair gwaith. Un o'r digwyddiadau lleol hynaf yw Treialon Cŵn Defaid Rhes-y-cae a gafodd eu cynnal ers dros 60 o flynyddoedd. Cynhaliwyd treialon Cenedlaethol Cymru ym Mhenbedw yn 2006.

Gostyngodd nifer y cŵn defaid sy'n gweithio am fod defaid yn cael eu casglu gan ddefnyddio beiciau cwad erbyn hyn. Mae rhai ffermydd yn defnyddio beiciau a chŵn, a ffermydd eraill ddim yn defnyddio cŵn o gwbl. Mae perygl y bydd yr arfer o drin ci yn cael ei cholli oni bai i'r bugeiliaid ifanc dreulio amser yn hyfforddi'r cŵn.

'Tan yn ddiweddar roedd ein cymydog yn arfer â'n helpu i gasglu defaid o'r mynydd ar gefn ei geffyl. Roedd ceffylau'n amhrisiadwy am eu bod yn gallu mynd lle nad oedd y beic cwad yn gallu mynd.'

Phil Rundle, Bwlch Isaf, Bodfari

Casglu defaid ar stad Penbedw
Chwith: *Penbedw, 1980*

Isod: *Capten Archdale efo Jock*
(drwy garedigrwydd Capten Archdale)

Gwaelod: *Garth, 2011*
(drwy garedigrwydd Jackie Lewis)

'Mae ci da yn amhrisiadwy –yn deall beth sydd ar eich meddwl, bron fel telepathi. Mae beiciau cwad yn ddefnyddiol, ond cŵn defaid ydy'r ffordd orau i drin defaid.'

Capten Archdale, Penbedw

Yn draddodiadol, torrir neu llosgir y grug mewn cylchdro i ofalu bod egin newydd ar gael i'r defaid. Mae hyn yn beth da i'r bywyd gwyllt hefyd am ei fod yn rhoi grug o bob oedran sy'n ddelfrydol i'r rugiar goch a'r rugiar ddu am eu bod yn gallu cuddio yn yr hen rug caled a'u cywion yn gallu bwyta'r tyfiant newydd. Ymleda'r rhedyn ar hyd a lled y bryniau ac mae'n broblem fawr gan fygu'r planhigion eraill. Yn y gorffennol, defnyddid rhedyn yn wely anifeiliaid ac roedd mwy o wartheg yn pori ar y bryniau ac yn sathru'r rhedyn ifanc.

Ar ddechrau'r 1950au, bu Ken a Geoff Lewis yn arloesi gyda malu rhedyn gan ddefnyddio tractor â caterpillar tracks. Caiff y rhedyn ei falu neu ei dorri heddiw ond ar y llethrau serth gellir ei chwistrellu o hofrenyddion.

'Ar ddechrau'r pumdegau, es i weithio ar brofiad gwaith yn y Weinyddiaeth Amaeth i ddysgu sut i ddefnyddio peiriannau. Un o'r jobiau oedd malu rhedyn ar Fordson County Crawler gyda malwr rhedyn Holt. Roeddem yn gweithio ar ddwy ochr Bryniau Clwyd, ar lethrau serth iawn yn aml. Fel bu lwc, roedd milfeddyg o'r Wyddgrug, Stanley Jones, yn dod i weld buwch sâl ar ein fferm. Gwelodd fi ar y llethr y tu isaf i'r Clwyd Gate. Digwyddodd sôn ei fod wedi gweld rhyw ffwl yn gyrru tractor ar lethr serth pan ddywedodd Nhad mai fi oedd o, dywedodd, "You want to get the silly bugger from there - he's going to kill himself!" - Roeddwn i'n wallgof y dyddiau hynny!'

Gwyndaf Davies

Chwith: *Malu rhedyn ar Fryniau Clwyd yn edrych i lawr ar dref Rhuthun, 1955*
(drwy garedigrwydd Gwyndaf Davies)
Uchod: *Gwyndaf Davies*

De: *Grugiar goch yn y grug*
(drwy garedigrwydd AHNE Bryniau Clwyd)

Glynne Roberts yn bwydo o'r botel, Henblas, Tremeirchion *(drwy garedigrwydd y teulu Roberts)*

Mamogiaid beichiog yn y sied ŵyna, Maes Alun, Cilcain

Ŵyn gwan yn cynhesu wrth y stof
(drwy garedigrwydd Hen Lowie)

Ŵyna

Un o adegau prysura'r flwyddyn yw'r cyfnod ŵyna. Rhaid i'r ffermwr fod wrth law i ofalu am y defaid beichiog ac i roi help llaw gyda genedigaeth. Yn draddodiadol, roedd ŵyna yn digwydd yn gynnar yn y gwanwyn ar ôl tywydd drwg y gaeaf, ond erbyn hyn mae rhai ffermwyr y tir isel yn dewis ŵyna o dan do ym mis Ionawr er mwyn i'r ŵyn fod yn barod i farchnad y Pasg pan fo'r pris yn uwch.

Cyn ŵyna, daw'r defaid i lawr o'r tir mynydd er mwyn osgoi'r tywydd garwaf a lle gellir cadw llygad gofalus arnyn nhw. Mae rhai, yr ŵyn cynnar yn arbennig, yn cael eu geni o dan do, ac mae llawer yn cael eu geni y tu allan mewn caeau cysgodol sy'n agos at y fferm. Ond bydd y ddafad a'r oen yn ôl allan yn y cae yn fuan iawn.

'Bob blwyddyn byddwn yn cael un neu ddau oen llywaeth. Dw i'n eu rhoi mewn bocs o wellt wrth y tan i gynhesu a rhoi llymaid iddyn nhw. Pan fyddan nhw ar eu traed, rydyn ni'n eu symud i'r côr ac mi fyddaf yn rhoi bwyd potel iddyn nhw dair gwaith y dydd tan fyddan nhw'n barod i fynd allan i'r cae.'

Heather Lewis, Cyfnant Uchaf, Llanarmon-yn-Iâl

(drwy garedigrwydd Jackie Lewis)

Gaynor Roberts yn bwydo o'r botel Ty Mawr, Tremerichion
(drwy garedigrwydd Mark Roberts)

Cneifio

Rhaid cneifio pob dafad ar ddechrau'r haf. Hyd ganol yr ugeinfed ganrif â llaw y gwneid hyn gan ddefnyddio gwelleifiau. Ar adeg y cneifio roedd y ffermydd cyffiniol yn rhoi help llaw i'w gilydd gan gasglu defaid o'r bryniau a'u gyrru i lawr i'r fferm. Yma byddai nifer o gneifwyr wrthi'n gweithio ar feinciau pren neu ar fyrddau, a gweithwyr eraill yn rholio ac yn pacio'r cnu.

'Bob mis Mehefin, roedden ni'n arfer â chasglu defaid mynydd i'w cneifio yng Nghwm-Llydan, Llan-ferres. Cofiaf yn iawn yn 1949, mi gneifiais i 240 o ddefaid yma. Bûm wrthi'n cneifio drwy'r dydd tan 11 y noson honno. Roeddwn ni'n boeth ac yn chwyslyd ac erbyn y diwedd roeddwn ni'n ddiolchgar iawn am y fflasg o Chwisgi Iwerddon ges i gan y ffermwr.'

John James Parry, Maes y Garnedd, Tafarn-y-Gelyn

Cneifio yn Nercwys, o bosib yn Fferm y Bryn (drwy garedigrwydd Ray Davies)

Shepherds Delight gan Ken Lewis

At long last June is here
With weather fine and warm,
The sky above is blue and clear
No sign of rain or storm.

The ewes have gone back to the hill,
Each to her own retreat.
Free to graze where ere they will
Offspring at their feet.

The winter was long to feed those dams.
Cake bills there were many
But to see that lovely crop of lambs
It was worth every penny.

For a week or two we can relax
Before we start to clip
And pack the wool in those big sacks,
Then we'll have to dip.

Ken Lewis yn cneifio yng Nghyfnant Uchaf, Llanarmon-yn-Iâl
(drwy garedigrwydd Ken Lewis)

Doedd y peiriant cneifio cyntaf fawr cyflymach na chneifio â llaw ac roedd angen i rywun droi'r handlen iddo weithio. Gwelleifiau trydan sy'n cael eu defnyddio heddiw a'r cneifio'n gyflymach o lawer. Daw timoedd proffesiynol o gneifwyr, o Seland Newydd yn aml, i gneifio'r diadelloedd mawr gan fynd o un fferm i'r llall. Mae'r cnuau'n cael eu rholio a'u pacio mewn sachau mawr sy'n cael eu casglu a'u gwerthu drwy'r Bwrdd Marchnata Gwlân.

Gall cneifiwr medrus gneifio dafad â llaw mewn deg munud, ond â gwelleifiau trydan, mae'n bosib cneifio mewn un munud. Bu Dave Fagan o Seland Newydd, a fu'n cneifio ym Mhenbedw am 28 o flynyddoedd, yn bencampwr y byd nifer o weithiau ac mae ei gydweithiwr, Dion King, ar hyn o bryd yn dal record y byd am gneifio 866 o ŵyn mewn 7 awr.

'Pan ddechreuais i gneifio ar ôl y rhyfel, roeddem yn arfer â chneifio â llaw ar feinciau. Ar ganol y pumdegau, prynais beiriant cneifio trydan ac es i ddysgu'r dechneg newydd gan Godfrey Bowen o Seland Newydd oedd yn dangos y dull yn lleol.'

Capten Archdale, Penbedw

Uchod: *Cneifio â pheiriannau cynnar yn Fferm y Coleg, Trefnant*
(drwy garedigrwydd Bernard Stanyer)

Chwith: *Pencampwriaeth cneifio yn Rali'r Ffermwyr Ifanc, Penbedw, 1954, Glynne Davies yn beirniadu*
(drwy garedigrwydd Gwyndaf Davies)

Sam Griffiths yn cneifio yng Nghilcain, 2011 *(drwy garedigrwydd Phil Parsons)*

Lapio'r cnuoedd a'u rhoi'r mewn sachau ym Maes Alun a Llety, Cilcain
(lluniau chwith uchod ac isod drwy garedigrwydd Phil Parsons)

Mae'r clafr ar ddefaid a heintiau eraill yn cael eu hachosi gan barasitiaid fel gwiddon a throgod a gallant fod yn ddifrifol iawn. Yn draddodiadol roedd yr haint yn cael ei reoli drwy ddipio pob dafad mewn tanc o bryfleiddiad. Heddiw, rheolir y parasitiaid drwy roi pigiad ar adeg iawn y flwyddyn ond dipio, o'i wneud yn iawn, yw'r ffordd fwyaf effeithiol o hyd o reoli'r clafr.

'Bob blwyddyn, roedden ni'n dipio'r defaid i'w cadw rhag y clafr. Roedd hyn yn orfodol am ei bod yn haint oedd yn lledaenu mor gyflym ac roedd rhaid i'r plismon lleol fod yn bresennol i ofalu bod y gwaith yn cael ei wneud yn iawn. Doedd dim cafn dipio ar ein fferm ni gartref, felly roedd rhaid inni fynd i'r fferm drws nesaf. Twll yn y ddaear oedd y cafn dipio wedi'i leinio efo brics ac yn 4 troedfedd o ddyfnder. Roedd grisiau ar un pen. Roedd rhaid ichi gydio yn y ddafad gerfydd ei choesau blaen a'i gollwng yn ofalus i'r pen dwfn. Roedd hi'n dringo allan i fyny'r grisiau ar yr ochr arall.'

Idris Jones, Treuddyn

Gwartheg ac anifeiliaid eraill

Yn draddodiadol, byddai gwartheg duon Cymru wedi pori ar y mynydd yn yr haf ac ar y tir is yn y gaeaf. Dyma'r gwartheg y byddai porthmyn yr hen ddyddiau'n eu gyrru yn eu miloedd dros fryniau Cymru i farchnadoedd Lloegr; gwartheg oedd yn dal yn bwysig iawn i ffermio yng Nghymru ar ddechrau'r ugeinfed ganrlf. Roedd y gwartheg yn frid dau bwrpas - yn wartheg godro ac yn cynhyrchu cig da. Erbyn hyn mae llawer mwy o amrywiaeth o fridiau'n cael eu cadw, bridiau sydd wedi'u bridio'n benodol naill ai ar gyfer cynhyrchu'r llefrith gorau posib neu'r cig o'r safon uchaf. Mae ffermio cig a ffermio llaeth yn ddau fusnes hollol ar wahân erbyn hyn, ac ychydig yn unig o ffermydd llaeth arbenigol sy'n parhau. Mae'r rhan fwyaf o wartheg yn treulio'u gaeaf o dan do, yn bwyta cilwair a dwysfwydydd, ac yn mynd allan i'r porfeydd isel pan ddaw'r haf.

De: Mrs Roberts, Pen Isa'r Wen, Tremeirchion (drwy garedigrwydd Kevin a Catherin Roberts)

Pellaf ar y dde: Caniau llaeth, Nercwys (drwy garedigrwydd Ray Davies)

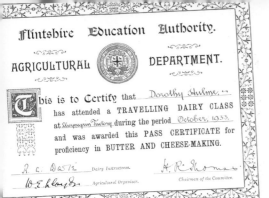

Hyd ddiwedd yr ugeinfed ganrif roedd y mwyafrif o ffermydd yn cadw gwartheg godro oedd yn cynhyrchu ychydig o alwyni o lefrith y dydd, a hefyd gwartheg i'w pesgi ar gyfer eu cig.

'Pan roedden ni'n blant roeddwn yn godro â llaw ar stôl dair coes a bwced wrth ein pen-glin. Byddai'r llefrith yn cael ei roi yn y gwahanydd - i wahanu'r llefrith sgim oddi wrth yr hufen, a byddai'r hufen yn cael i droi'n fenyn. Yn y 1940au cawsom beiriant godro - ac roeddwn i wrth fy modd am ei fod yn llawer gwell na godro efo stol a bwced.'

Idris Jones

Defnyddid llawer o'r llefrith i wneud caws a menyn. Yn 1907 fe sefydlwyd Ysgol Llaeth Lleweni, a ariannwyd ar y cyd gan Gyngor Sir Dinbych a Sir y Fflint. Yn ddiweddarach, roedd Coleg Amaethyddol Lysfasi'n cynnal cyrsiau llaethdy ac yn trefnu dosbarthiadau teithio mewn astudiaethau llaethdy. Sefydlwyd nifer o fusnesau bach oedd yn gwneud caws a menyn yr adeg honno. Un ohonyn nhw oedd Ffatri Gaws Nercwys a ddechreuodd yn 1919 mewn tŷ injan yr hen bwll glo. Roedd ffermwyr lleol yn dod â'u llefrith mewn ceffyl a throl i'r ffatri i'w droi'n gaws. Roedd y llefrith yn cael ei gynhesu mewn cerwyni ac yna roedd y ceulion yn cael ei hychwanegu i wahanu'r ceuled a'r maidd. Roedd y ffermwyr yn prynu'r maidd i fwydo'r gwartheg, a'r ceuled yn cael ei roi mewn tybiau pren a'i wasgu i wneud caws. Rhedodd y busnes yn llwyddiannus am dros ddeng mlynedd gan gyflogi merched lleol ac roedd yn allfa gwerthu bwysig i'r ffermydd llaeth.

Chwith uchod: *Tystysgrif gwneud caws (drwy garedigrwydd Dorothy Jones)*

Chwith: *Ffatri gaws Nercwys (drwy garedigrwydd Ray Davies)*

Ffatri gaws Nercwys (drwy garedigrwydd Ray Davies)

Un arall oedd Hufenfa Llandyrnog a sefydlwyd yn 1918. Mae'n dal i lwyddo hyd heddiw, gan barhau'r traddodiad o wneud caws yn lleol drwy ddefnyddio llefrith o ffermydd y fro. Erbyn hyn, dyma safle cynhyrchu caws fwyaf y DU, ac yn gynhyrchwyr Caws Cadog sef caws Cheddar Cymru a enillodd wobrau.

Tan ar ôl yr Ail Ryfel Byd roedd llawer o'r llefrith o ffermydd Sir y Fflint yn cael ei werthu i laethdai Lerpwl, ac yn cael ei ddanfon ar y trên mewn caniau llaeth. Roedd llawer o ffermydd yn gwerthu'u llefrith yn lleol gan redeg rownd lefrith a dosbarthu o ddrws i ddrws mewn ceffyl a throl. Byddai'r llefrith yn cael ei godi o'r caniau mawr i'r jygiau oedd gan y teulu. Yn ddiweddarach, daeth faniau trydan yn lle'r ceffyl a throl, a faniau cryfach a Landrofers yn yr ardaloedd gwledig. Mae rhai ffermydd yn dal i redeg rownd lefrith ond mae llai ohonyn nhw erbyn hyn oherwydd bod archfarchnadoedd yn gwerthu llefrith am bris isel.

Keith Davies, ffermwr o Rydymwyn, yn dosbarthu llefrith yng Nghilcain o'u yrr o wartheg godro organig

Fan llefrith Llaethdy Mount Pleasant, Gwernaffield, 1920au
(drwy garedigrwydd y Teulu Shawcross)

Faniau Wright Dairy, Fferm Rhyd, Dyserth. Roedd y llaethdy yn cyflenwi cwsmeriaid y Rhyl yn ystod y 1940au.
(drwy garedigrwydd Pat Jones)

Chwith: *Fferm lefrith Williams, Greenbank, Tremeirchion a enillodd wobr CLA am y fferm oedd yn cael ei chadw orau yn 1964*

Isod: *Glanhau'r clystyrau ar y peiriant godro* (*drwy garedigrwydd Gwynfa Derosa*)

Yn 1933, sefydlodd y llywodraeth y Bwrdd Marchnata Llaeth i reoli cynhyrchu, dosbarthu a marchnata llefrith. Roedd hyn yn gymorth mawr i'r ffermwyr llaeth ac yn sicrhau eu bod yn derbyn pris teg a bod pris cyson drwy'r wlad.

Byddai pob fferm yn rhoi eu llefrith ffres mewn caniau llaeth oedd yn cael eu casglu o giât y fferm bob dydd a'u cyfnewid am ganiau gwag. Roedd peth o'r llefrith yn cael oi roi mewn poteli i'w werthu, peth yn cael ei wneud yn fenyn, iogwrt neu gaws a pheth yn cael ei sychu a'i ddefnyddio mewn cynnyrch

Arddangos godro gerbron disgyblion Colomendy yng Nghae'r Odyn, Tafarn-y-Gelyn
(drwy garedigrwydd y Teulu Jones)

Glynne Roberts yn bwydo lloi, Henblas, Tremeirchion
(drwy garedigrwydd y Teulu Roberts)

llefrith. Byddai peth o'r llefrith yn mynd i gwmnïau fel cwmni Cadbury i wneud siocled. Roedd y siec llaeth wythnosol yn bwysig iawn i ffermwyr- roedd rhaid gwerthu'r defaid a'r anifeiliaid eraill cyn cael yr arian, ac felly pres llefrith oedd yr unig incwm rheolaidd.

Gadawodd nifer fawr y ffermydd y busnes llaeth yn ystod yr ugain mlynedd diwethaf, yn rhannol oherwydd dogn llaeth yr Undeb Ewropeaidd, diddymu'r Bwrdd Marchnata Llaeth, gostyngiad mawr ym mhris llefrith, a'r buddsoddiad mawr yn y dechnoleg newydd sydd ei angen i redeg parlwr llaeth modern yn effeithiol.

Daeth newid mawr i ddulliau godro ers y dyddiau godro â llaw. Cymerodd godro â llaw tua deg munud y fuwch, gan ddibynnu ar natur y fuwch a gallu'r godrwr. Mae peiriant godro'n cymryd tua 5 munud y fuwch, ond mewn parlwr mawr gellir godro llawer o wartheg ar y tro. Mewn parlwr modern ceir systemau cyfrifiadurol sy'n gallu dadansoddi cynnyrch pob buwch, cyfrif faint o fwyd sydd ei angen arni, a bwydo'r cyfanswm cywir iddi.

'Pan roeddwn i'n fachgen, roedd tua 40 o ffermydd yn cadw gwartheg godro o gwmpas Cilcain. Erbyn hyn fi ydy'r unig un sydd ar ôl, ond mae nifer ein gwartheg wedi codi o 40 buwch yn 1968 i tua 240 heddiw. Cofiaf yn iawn pan gawsom ein peiriant godro cyntaf yn y 1940au, ac adeiladu ein parlwr godro cyntaf yn 1968. Yn ein parlwr presennol gallwn odro dros 200 o wartheg mewn tua 90 munud gyda'r cyfrifiadur yn rheoli'r holl system. Mae gan bob buwch dransponder o gwmpas ei gwddw ac mae'r cyfrifiadur yn gallu'i ddarllen pan fydd hi'n dod i mewn i'r parlwr godro!'

Harry Williams, Fferm Fforest, Cilcain

Godro, Fferm Fforest, Cilcain

Cynhyrchir cig o'r gwartheg sydd wedi'u bridio'n benodol ar gyfer cig, ac o wartheg godro hefyd. Mae rhai ffermydd yn magu lloi a elwir yn 'lloi sugno' am eu bod yn sugno llaeth y fuwch am 6 i 8 mis. Ar ôl hyn, maen nhw'n cael eu pesgi naill ai drwy fwyta glaswellt yn y maes neu drwy fwyta silwair a dwysfwyd o dan do, gan gael eu lladd pan fyddan nhw tua dwyflwydd oed. Mae lloi tarw gwartheg godro a heffrod brid croes yn cael eu pesgi hefyd a'i gwerthu am gig. Caiff y lloi hyn sugno'r fuwch am ychydig o ddiwrnodiau'n unig am fod angen y llefrith i'w werthu, wedyn cânt lefrith artiffisial a'u pesgi i'w lladd yn yr un ffordd â'r lloi eraill. Nid yw pob ffermwr lleol yn bridio gwartheg eu hunain ond yn prynu'r lloi i'w pesgi cyn eu gwerthu i gael eu lladd.

Gwen Wright, Fferm Rhyd, Dyserth gyda lloi tripled – mae genedigaeth luosog yn anghyffredin mewn gwartheg felly roedd y tripledi hyn yn rai arbennig iawn
(drwy garedigrwydd Pat Jones)

Chwith: *Pistyll, Bodfari*
(drwy garedigrwydd Fiona Evans)

De isod: *Symud y gwyddau,*
Nercwys (drwy garedigrwydd Ray
Davies)

Chwith isod: *Hwch a moch bach*
Rhesgoed Farm, Llanbedr DC
(drwy garedigrwydd Fferm Rhesgoed)

Yn y gorffennol, roedd y rhan fwyaf o ffermydd yn cadw hwch neu ddwy oedd yn cael eu bwydo ar sbarion bwyd, a hwyaid ac ieir oedd yn crwydro'n rhydd o gwmpas y buarth. Roedd gwerthu wyau'n creu incwm ychwanegol i'r wraig ffarm yn aml iawn. Yn ystod y pumdegau a'r chwedegau, pan ddaeth dulliau batri o ffermio da pluog yn gyffredin, bu gostyngiad yn y nifer o ffowls rhydd oedd yn cael eu cadw . Yn y cyfnod yma hefyd fe ddechreuodd ffermio moch yn y dull dwys o dan do yn lle'r dull mwy naturiol o fagu moch. Mae rhai ffermydd Bryniau Clwyd yn dal i gadw ieir rhydd ac yn magu moch yn yr awyr agored yn y ffordd draddodiadol.

'Cofiaf yn iawn am fynd â'r hwch at y baedd yn Llandyrnog yn y fan Austin 7 oedd gynnon ni. Roedd rhaid inni'i gwthio i'r cefn a chau'r drws yn gyflym. Yr holl ffordd, roedd ei thwyn yn gorwedd ar ysgwydd y teithiwr oedd yn y sêt flaen.'

Glyn Jones, Bwlch Isaf, Bodfari

'Roeddwn ni'n magu mochyn ar y ffarm ac yn ei ladd ar ddiwedd bob blwyddyn i gael cig at y gaeaf. Byddai Mam yn cadw'r gwaed i wneud pwdin moch a, gyda help Dad, yn torri'r mochyn yn ddarnau a halltu'r cig i'w gadw. Pan roedd y cig yn barod, roeddwn yn arfer â'i hongian o'r bachau ar y trawstiau yn y gegin. Roedd lladd mochyn a'i weld yn hongian yn adeg gyffrous iawn. Roedd yn rhan o fywyd pan roedd anifeiliaid ar ffarm, ac roeddwn i'n edrych ymlaen at gael bwyta'r cig moch - llawer o fraster, ond blasus iawn.'

Anne Woodward, Tafarn-y-gelyn

Jeannie a John M. Roberts yn bwydo moch ac ieir, Ty'n Celyn, Llanbedr *(drwy garedigrwydd John Roberts)*

Cecil ac Evelyn Roberts yn bwydo'r moch a'r ieir, Llwyn Celyn, Llanbedr *(drwy garedigrwydd Kevin a Catherin Roberts)*

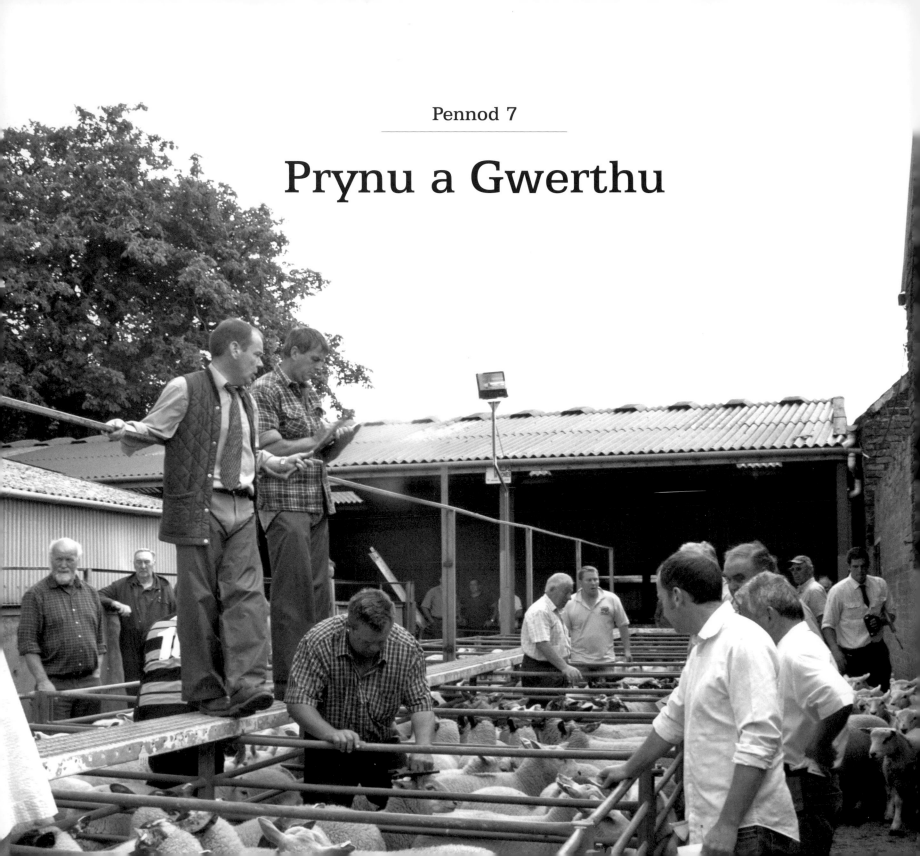

Prynu a Gwerthu

Bu marchnadoedd anifeiliaid wrth graidd y byd ffermio ers yr Oesoedd Canol, gan ddenu prynwyr a gwerthwyr o bell ac agos. Datblygodd trefi Rhuthun, Dinbych a'r Wyddgrug yn drefi marchnad a dyfodd o gwmpas sgwâr y farchnad.

Mae'r farchnad anifeiliaid yn dal yn rhan allweddol o ffermio yn y fro, ac fe gynhelir marchnad yn rheolaidd yn Rhuthun, yr Wyddgrug a Llanelwy. Ers talwm roedd marchnadoedd yn Ninbych ac Abergele hefyd. Ond mae'r ocsiwn yn llawer mwy na lle i brynu a gwerthu, mae hefyd yn achlysur cymdeithasol ac yn gyfle i ffermwyr gyfarfod â'i gilydd wrth iddyn nhw drafod y prisiau a rhoi ei barn ar yr anifeiliaid sydd ar werth.

'Hyd nes inni gael wagen yn y 1950au roeddem yn cerdded y defaid ar hyd y ffordd o Dreuddyn i'r farchnad yn yr Wyddgrug gan ddefnyddio cŵn defaid i gadw'r ddiadell at ei gilydd.'

Idris Jones

Chwith: *Marchnad anifeiliad Yr Wyddgrug, 2011*

Uchod: *Huw Edwards, Highgate, Corwen, yn ennill Pencampwr Anifail Cigyddion, 1982 (drwy garedigrwydd Cwmni Ocsiwn Ffermwyr Rhuthun)*

De: *Ocsiwn Ffermwyr Rhuthun, 2011*

Pellaf ar y dde: *Tywys y defaid ar hyd y ffordd A494 yn Loggerheads*

(drwy garedigrwydd AHNE Bryniau Clwyd)

Cyrraedd marchnad anifeiliaid Yr Wyddgrug

Enillydd yn ocsiwn Yr Wyddgrug, 1947 (drwy garedigrwydd Elvet Pierce)

Llwytho'r defaid ar ôl yr arwerthiant

Cynhelir marchnad anifeiliaid Yr Wyddgrug ynghanol y dref fel y bu am dros ganrif. Mae ocsiwn bob dydd Llun a dydd Gwener a hon yw ocsiwn wartheg fwyaf gogledd Cymru erbyn hyn.

'Roedd rhaid inni gychwyn yn gynnar iawn yn y bore i fynd â'r anifeiliaid i'r farchnad ac erbyn roedden ni wedi'u corlannu roedden ni'n sychedig iawn ac eisiau bwyd, felly roedd y caffis yn y dref yn brysur iawn ac awyrgylch da ynddyn nhw. Roedd yn bwysig i'r ffermwyr gael lle i gyfarfod yr adeg honno, fel mae'n dal i fod heddiw. Roedd pawb mewn hwyliau da iawn ar ddiwrnod marchnad am mai dyma'r diwrnod roedden nhw'n cael eu talu.'

Clwyd Hughes, Fferm Llangwyfan, yn sôn am farchnad Dinbych

Unwaith y dechreuodd y ffermydd gael lorïau, landrofers a threlars roedd hi'n hawdd symud yr anifeiliaid ymhellach, a llai o angen am farchnadoedd oedd yn gymharol agos at ei gilydd. Ar ôl yr Ail Ryfel Byd cynyddodd nifer y marchnadoedd , a gostwng wedyn. Mae'r marchnadoedd sy'n dal i fodoli wedi tyfu'n farchnadoedd mawr ac yn dal i lwyddo. Pan ddaeth moduron daeth newid arall hefyd – roedd gwragedd y ffermwyr yn gallu dod gyda'u gwŷr i'r farchnad. Aeth y gwragedd i siopa yn y dref tra roedd y ffermwyr yn yr ocsiwn.

'Roedd y gŵr a'r wraig yn arfer â gwisgo'u dillad gorau i deithio i'r dref ar ddiwrnod marchnad. Byddai'r strydoedd yn dawel iawn yn ystod dyddiau eraill yr wythnos.'

Clwyd Hughes, Fferm Llangwyfan

'Roeddwn ni'n gweithio yn yr ocsiwn uchaf yn Rhuthun dri diwrnod yr wythnos i ennill ychydig o bres ychwanegol. Ar ôl yr ocsiwn, roedd rhaid inni yrru'r gwartheg a gafodd eu gwerthu am gig i'r lladd-dy yn Crown House.'

Glyn Jones, Bwlch Isaf, Bodfari

Isod: Lladd-dy bychan, Stryd Mwrog, Rhuthun, tua 1910au (drwy garedigrwydd John Jones a'i fab, Rhuthun)

Paul Williams yn asesu'r ŵyn ym marchnad Yr Wyddgrug

Y bustach a enillodd, Arwerthiant y Gaeaf, Rhuthun
(drwy garedigrwydd John Jones a'i fab, Rhuthun)

Siop y Cigydd, Llanelwy
(drwy garedigrwydd Pat Jones)

Yn draddodiadol, byddai'r cigyddion lleol yn dod i'r farchnad bob wythnos i brynu'r anifeiliaid roedden nhw'n tybio fyddai'n rhoi'r cig gorau. Erbyn hyn gwerthir y rhan fwyf o'r cig i gyfanwerthwyr ac aiff llawer ohono dramor. Mae'r rhan fwyaf o gigyddion yn prynu'n uniongyrchol oddi wrth y cyfanwerthwyr heddiw, ond mae rhai cigyddion lleol yn dal i ddod yn rheolaidd i'r farchnad i ddewis yr ŵyn a'r gwartheg gorau. Yn y farchnad Nadolig, mae cystadlu brwd i brynu'r anifeiliaid a enillodd wobrau.

'Y tro cyntaf imi ddod i farchnad Yr Wyddgrug oedd efo Nhad pan roeddwn i'n 14 oed. Dysgodd o imi sut i ddewis yr anifeiliaid gorau i'w lladd. Ar y pryd, roedd wyth o gigyddion yn Yr Wyddgrug, ond fi ydy'r unig un sydd ar ôl. Rydw i wedi bod yn dod yma ddwywaith yr wythnos am 40 mlynedd.'

Paul Williams, Cigydd yn Yr Wyddgrug

Y farchnad wreiddiol ar sgwâr Rhuthun
(drwy garedigrwydd Cwmni Ocsiwn Ffermwyr Rhuthun)

Yn y dechrau, ar Sgwâr Sant Pedr ynghanol y dref roedd farchnad Rhuthun yn cael ei chynnal. Yn 1905 i arbed llenwi'r strydoedd ag anifeiliaid, symudodd y farchnad i dir a rentwyd ar waelod yr allt, a'i alw'n 'ocsiwn isaf'. Yn ddiweddarach sefydlwyd ail farchnad 50 llath i fyny, a'i galw'n 'ocsiwn uchaf'. Unodd y ddau gwmni yn 1921 i ffurfio Ocsiwn Ffermwyr Rhuthun gyda ffermwyr lleol yn prynu cyfranddaliadau.

Erbyn y 1980au roedd masnach yr ocsiwn wedi cynyddu'n fawr gan achosi llawer o dagfeydd yn y dref ar ddiwnod marchnad ac felly, yn 1992, symudodd y farchnad i safle a godwyd at y pwrpas ar Ffordd Dinbych ar gyrion y dref. Caeodd marchnad Dinbych yn fuan wedyn. Mae swyddfeydd Ocsiwn Ffermwyr Dinbych yn dal ar safle'r ocsiwn uchaf. Cynhelir ocsiwn defaid a gwartheg yn rheolaidd ar dri diwrnod yr wythnos; mae ocsiwn moch bob mis hefyd ac arwerthiant arbennig o beiriannau, ceffylau a chŵn defaid o dro i dro.

Arwerthiant y Gaeaf, Rhuthun, 1978
(drwy garedigrwydd Cwmni Ocsiwn Ffermwyr Rhuthun)

Uchod: *Gwylwyr yn Arwerthiant Nadolig, Ocsiwn Uchaf Rhuthun tua 1950*
(drwy garedigrwydd Cwmni Ocsiwn Ffermwyr Rhuthun)

De: *Lluniau o Ocsiwn Ffermwyr Rhuthun, 2011 (drwy garedigrwydd Jo Danson a Lorna Jenner)*

Edrych tua'r dyfodol

Yn ystod y ganrif a aeth heibio, gostyngodd nifer y bobl sy'n cael eu cyflogi ar ffermydd ym Mryniau Clwyd yn ddirfawr. Mae llawer o bobl ifanc yn cefnu ar ffermio am fod incwm fferm dɑuluol yn annigonol i dalu cyflog rhesymol ac am fod ganddyn nhw fwy o ddewis gyrfa nag oedd gan ɑu tɑidiau. Yn sicr, mae ffyrdd esmwythach a ffyrdd sy'n talu'n well o ennill bywoliaeth! Codi mae oedran ffermwyr, ac fe hanerodd y gyfradd o ffermwyr sydd o dan 35 mlwydd oed rhwng 1990 a 2005. Gostyngodd incwm ffermydd hefyd, o fwy na 50% ers 1995, ac mae ffermio mewn trafferthion mawr. Mae llawer o'r adeiladau fferm traddodiadol yn wag am fod llai o weithwyr ac oherwydd y newid mewn dulliau ffermio. Cafodd rhai adeiladau eu troi'n gartrɑfi neu'n safleoedd busnesau amgen, ac mae llawer yn dal yn segur.

Ond nid pob dyn a merch ifanc sy'n cefnu ar ffermio, ac mae llawer o ffermydd ym Mryniau Clwyd wedi'u rhedeg gan yr un teuluoedd ers cenedlaethau lawer. Dal i ffynnu gwna'r Clwb Ffermwyr Ifanc ym Mryniau Clwyd a'r cyffiniau, ac mae grwpiau bywiog yn Cilcain, Treuddyn, Llaneurgain a Chwitffordd. Mae llawer o'r ffermwyr ifanc hyn yn gweithio'n rhan amser mewn swyddi eraill, fel contractio amaethyddol i ychwanegu at yr incwm isel mae ffermio'n ei dalu.

Mae llawer o ffermydd wedi gallu arallgyfeirio gan ddefnyddio'r adeiladau gwag yn lifrai i geffylau ac yn fan i gadw carafanau neu bebyll mawr dros y gaeaf. Trodd llawer o ffermydd ddarnau o dir yn safle carafanau ac mae rhai yn cynnig gwely a brecwast. Mae llawer o ffermydd yn rhan o Gynllun Cadwraeth ac yn derbyn premiwm am reoli'u tir i wella'r fioamrywiaeth. Mae rhai'n gwerthu'u cynnyrch o'r fferm yn uniongyrchol, fel wyau ieir rhydd, twrci Nadolig neu 'casglwch eich ffrwythau eich hunan'. Agorodd Fferm Rhesgoed yn Llanbedr Dyffryn Clwyd yn siop fferm yn 2005 gan ennill 'Enillydd Gorau mewn Amaethyddiaeth ' oddi wrth Undeb Cenedlaethol yr Amaethwyr yn 2006. Mae ei holl gig yn dod o Fryniau Clwyd, o'u hanifeiliaid eu hunain ar y cyfan ond o gigoedd ffermydd eraill y fro hefyd. Ac maen nhw'n cadw dewis o fwydydd lleol eraill.

Ochr-yn-ochr â'r cynnydd mewn mecaneiddio, mae'n ymddangos fod yna hiraeth am yr hen ddulliau o ffermio. Mae rhaglenni teledu am hanes ffermio yn denu llawer o wylwyr, ac mae cystadlaethau aredig a ralis hen dractorau'n derbyn llawer o gefnogaeth. Mae'r Gymdeithas Hen Beiriannau yn ffynnu, a hen dractorau'n cael eu parchu'n fawr; gall hen injan stêm gostio miloedd o bunnoedd.

Chwith: *Casglu'r defaid yn y Garth, Cilcain*

Chwith: *Dyma'r ffermwr ieuengaf yn Ocsiwn Rhuthun, Osian Gruffydd, Nant Ucha, Pentrecelyn, yn gwerthu eu wŷn llywaeth*

Uchod: *Sioned Williams yn gweithio yn siop fferm y teulu, Fferm Rhesgoed, Llanbedr DC.*
De: *Gareth Williams, ffermwr llefrith cyfoes, Fferm Fforest, Cilcain*